요즘 입술

요즘 입술

안이숲

실천문학

제 1 부

나비 경첩	11
겨울에 핀 민들레	14
유자라는 집	16
수목장	18
새끼손가락	20
내일은 A+	22
여름 한낮의 배달	24
소금꽃이 피는 하루	26
사시의 눈	28
숫자에도 뼈가 산다	30
아버지	32
명랑한 유산	34

제 2 부

줄자	39
만년필	42
요즘 입술	44
암거미	46
선풍기	48
인어공주 육지 적응기	50
더 이상 타지 않는 젊음	52
사과, 하고 싶습니다	54
겁 없이 덜컥 일수를	56
너는 불판 위에서 태어났다	58
선인장	60
감자의 둥지	62

제3부

신발장에 적을 두고 있어요	67
우는 불꽃	70
잎의 자서전	72
모자이크 타일	74
우리 언젠가 만난 적이 있지요?	76
설계도	78
금요일	80
목수의 집	82
은행잎 도서관	84
자두의 귀엣말에 심은	86
언제부터 시작된 걸까요?	88
자음들의 수다	90

제 4 부

가슴 안쪽에 봄이 건축된 적 있다	95
유월의 디즈니랜드	96
바닥이 날아간다	98
4인치 블록	100
WD-40	102
벽화에 핀 꽃	104
뿔소라의 집	106
행위예술가, 김	108
피자를 먹는 저녁	110
멸치 똥	112
석축의 시간	114
푸른 옹기	116
해설 김종회	121
시인의 말	139

제 1 부

나비 경첩

 문틈에 나비 한 마리 다소곳 날개를 접고 있어요
 놋쇠 장식으로 된 나비로 태어나 제대로 날아보지 못한 어머니의 봄이
 여름을 건너뛰려 하고 있네요

 종손이라는 이름에 걸린 가문 한 채 간수하느라
 공중을 떠돌아 잔잔한 이곳에 뿌리를 내린 당신
 방문이 열릴 때마다
 낮은 발자국 소리에 묻은 녹슨 고백 소리 들려옵니다

 솜털이 시작되는 고향에서 나비 무늬 박힌 치마저고리 입고
 의령장에 구경 가던
 팔랑거리는 속눈썹 사이로 가볍게 날아오르던
 어머니의 원행遠行엔 연지곤지 찍은 꽃들마저 고개를 숙였던가요

 애야! 시집와서 빗장을 지키는 게 평생의 일이었단다
 느리게 접힌 쪽으로 아픈 고백을 쟁여둔 어머니

다음 생에는 날개를 달고 태어나지 마세요
몇 겹으로 박제된 풍장의 어머니
쇳가루 떨어지는 서러운 날갯짓 소리 수없이 들었어요

빗장에 방청 윤활제를 술술 뿌리면
마당 한 귀퉁이의 세월에 퍼렇게 멍든 잡초가 피어오르고
당신은 눈코입이 삭아 자꾸만 떨어져 내립니다
붉은 눈물이 소리가 되어 공중을 묶어 놓고
납작하게 접힌 마음을 일으켜 이제 편안하게 쉬셔요

여닫이에 꼿꼿한 등을 붙들린 지 수십 년
뒷목부터 낡아가는 수의는 그만 벗으셔도 돼요

염습을 마친 8월이 지나가고 있습니다
겹겹이 에운 문틈 사이로 녹슨 쇠 울음소리 선명하게 들려오는 밤

당신의 평생 어디쯤에서 터지는 발성법을 익혀
이리도 가늘고 긴 곡비哭婢를 준비했을까요

우리 한 번은 서로를 열어야 하는데
어머니, 어느 쪽이 제가 돌아갈 입구일까요

겨울에 핀 민들레

주식을 해서 돈을 억수로 벌었다는 친구와
맥주를 마시다 돌아온 날 저녁

계절을 무시하고
노란 불빛 내어보는 창문을 본다

때 늦게 핀 사랑도 있었지

사업을 손절하고
친구를 손절하고
창고 방 벽에 폐기된 A4 이면지를 바르고 이사하던 날
푸른 꿈을 손절한 적 있었지

움켜쥔 손바닥을 펴보면
노랗게 엉겨 붙던 늦은 꽃술의 내력

머릿속에 켜진 생각들이 터질 듯 부풀어 오르면
어떤 만월은 겨울 솜옷보다 두터워

때 늦게 핀 나를 본다

가벼이 버리고 북쪽 하늘을 날다
내려앉은 집

날 일하는 목수의 억센 팔뚝 위로
노란 알 등이 켜지면
문을 열고 들어가 조용히 하루쯤 쉬어가도 되겠다

내일은 더 화사해질 나만의 봄
자축하며

유자라는 집

돼지껍질보다 두꺼운 질감은
너무 환한 빛깔이어서
구름이 피부를 가졌을 거란 생각을 했죠

하늘에 유자 빛 땀구멍이 숭숭
누군가의 허점이 이렇게 아름다울 수가요

남해란 곳은 그렇습니다
벗기면 벗길수록
드러나면 드러날수록 섬세한 피부를 가진
섬을 통째로 대패로 밀었을까요

단순히 빛깔이라고 하기엔 너무 따스하지요?
땀구멍 하나에
마음 한 채를 가진
역마살 낀 목수를 떠올리며 유자차를 마십니다

남쪽의 마지막까지 내려와 천연색 그물에 딱, 걸려버린 당신

하늘과 바다 사이에 옹기종기 불을 켠 마을에
당신 이웃도 있을까요?

올해는 돈 벌어 집 한 채 마련하겠다는 당신의 결심으로
유자는 여전히 샛노랗습니다
부신 것들은 손에 잘 닿질 않고

줄자와 쥐꼬리톱이 들어있는 가방이라는 얼굴
당신의 피부는 올해 땀구멍이 더 커졌군요
유자의 성분이 필요하나요?

나는 가까운 사천으로 가는 꿈을 꿉니다

수목장

오, 그러니까 출입구가 많지 않은 알 속이었군요
계단식으로 세상에 분포하는 많은 종들

저 숲을 한번 보셔요
잡아먹히는 초식동물들

가장 안전한 때가
유충으로 태어나 알로 지낸 날들이었고

피자 배달을 하면서 승용차를 피하지 못했을 뿐이에요
영정 사진 속의 나는 환하게 웃고 있네요

가족사진을 좋아했지요
우리는 알 속에서 희미하게나마 달콤했지요

알보다는 컸어요
오토바이를 몰 수밖에 없던 그 원룸요

도배지가 기계를 빠져나올 때마다
당신이 그토록 좋아하던 꽃무늬 포인트 벽지

한때는 안전한 박스 속 나비 가족이 되어
서로의 날개를 간지럽히며 날아오르는 꿈도 있었죠

야무지게 묶인 삼베옷은 번데기보다 할 수 있는 게 많아요
동그랗게 등을 말면 날개의 자세가 돋아나니까
편백나무 아래
세상에서 가장 화려한 나비 한 마리 날아오르네요

엄마, 나비를 생각하세요

나의 발인이 있는 내일
꿈에그린 아파트 701호에 도배를 해주기로 되어 있는 엄마

부디, 그 일정을 취소하지 마세요

새끼손가락

우리 집 구멍에는 다섯 개의 손가락이 살아요

아픈 손가락은 모두 목수가 되었어요
벽마다 구멍을 내었죠
못이 있는 자국은 손가락의 후손들

팔뚝에 소름이 생겼어요
춥다는 것은 절벽을 만났다는 말

아직은 얇은 겉옷 하나쯤 걸어둘 수 있는
기분을 갖고 산다고 말해주고 싶었나 봐요

아문 자리에 또 구멍이 난 콘크리트 벽을 보세요
안티푸라민을 좀 발라야 할 건데

상처도 밤이 되면 잠을 자요
넝쿨무늬 도배지 한 벌 얻어 입지 못한 저 벽도 졸고 있네요

손가락은 또다른 얼굴
 다섯 개의 지문으로 각인된 얼굴

 어둠을 파고드는 데는 선수입니다만
 뚫린 구멍 위로 석고보드를 치고 감쪽같이 슬픔을 덮을 줄
도 알아요

 손가락은 왜
 떨어지고 난 자리에 다시 피는 꽃처럼 더 태어나지 않는 걸
까요
 아픈 손가락은 아픈 손가락으로 먹고살아요

 오늘 아침
 상처에 햇살이 들어가 쉬는 것을 따스한 눈빛으로 쳐다봅
니다
 소독이 잘 되었을까요

 우리 집 다섯 번째 오빠는 여전히 목수입니다

내일은 A+

앗, 하고 태어난 생명체 하나

가스레인지 위에서 급히 동그랑땡을 굽다가 기름이 옆구리에 튀었다
샤워를 하려고 옷을 벗고 보니 지렁이 한 마리가 갈비뼈 근처에 부푼 집을 지었다
그래 너도 생명이니 잘살아 보거라

소꿉장난을 좋아하는 여자애가 있었다. 빨래를 짜면 흙물이 뚝뚝 떨어졌다. 동생은 강아지를 데리고 자주 나갔다. 초등학교 입학을 앞둔 2월이었다. 동생이 국도 3호선 바퀴에 깔려 세상에서 삭제되었다. 아무도 도시락을 싸주지 않았다. 마루 끝에 앉아 반쯤 마른 무를 씹으며, 거짓말 같은 엄마를 기다렸다. 엄마와 함께 온 점쟁이의 입에서 동생이 부활했다. 누나, 누나, 내 용돈 숨긴 곳 알려줄까?

잠을 삭제했다
가족판 연극을 삭제했다

친구를 삭제했다
얼굴을 삭제했다
좋은 문장만 골라서 삭제했다

클릭
클릭

정신없는, 지난 시간을 삭제하고 옷을 벗어 보니
한껏 부풀어 오른 지렁이가 말라 터져
선명하게 F를 그려 놓고 있다

그러니깐 이건, 지렁이가 매긴 나란 사람의 점수
쇠고기 등급보다 낮은

여름 한낮의 배달

항해는 위태로웠다
머리 위 돛단배 한 척 꾹, 눌러쓰고
배달 가는 길

나의 삶은 종종 사거리 방지턱에서 부딪혔다

너울성 파도에 걸려 출렁거리는
내 안의 멍든 물

백일 갓 지난 딸아이를 둘러업고 덤프트럭을 타고
배달을 나설 때
나의 바다는 일 단과 이 단 사이에서
태풍주의보

신호등은 고개를 반쯤 숙인 채 환하게 묵례를 하고 있었고
인사를 받을 틈도 없이
멈춘 사거리에서 출렁,

좌회전을 할까
직진을 할까

어린 딸은 조수석 등받이에서
염소 울음만큼 작고 가늘게 울었고
여기서 시동을 끄면 집은 난파다

땀에 젖은 작은 배 한 척을 다시 한번 고쳐 쓴다
직진이다

목구멍이라는 거대한 파도를
1톤 덤프트럭으로 힘껏 들이받는다

소금꽃이 피는 하루

작정하고 흘린 땀의 사리舍利다

트럭에 시멘트를 싣고
사천 읍내를 지나 삼천포 쪽으로 액셀을 밟을 때마다
에어컨이 고장 난 당신의 등판은 염전이 되었다

간이식당에서 소금을 듬뿍 친 칼국수를 먹고는
아무렇지 않은 듯 손을 흔들며
등을 보일 때
당신 혈관은
정체된 도로처럼 조금씩 상승했다

장거리 배달을 간 당신을 하루 종일 기다리는 나도
짠맛으로 서 있긴 마찬가지

하루를 딱딱한 골조로 채운 날엔
얼굴을 한번 쓰윽 문지르면 뺨에서 당신 대신
허연 각질이 만져진다

오징어처럼 바싹바싹 말라가는 얼굴에
소금은 아직 살아 있다는 서약

염전을 등에 지고 건축 현장으로 가는
당신 뒤 꼭지를 열어보면
땀의 사리가 하얗게 붙어 있다

당신은 서둘러 혈압약을 삼킨다

소금꽃이 피는 하루에는
뜨거운 아버지가 살고 있다

사시의 눈

그곳엔 내가 없다
심장에 갇힌 한 마리 변온동물이었을 것이다

꿈 한가운데가 부풀어 몸속으로 들어간 여행자의 직감으로
이불 위에 점 하나를 그려 넣었다
스케치가 완성되었을 때 엄마의 몸을 찢고 나온 나는
나비의 본성과
중심이 구부러지는 도마뱀 사이를 번갈아 가며
잦은 가면 놀이로 성장했다

어느 것 하나 기우는 것 없는 줄의 팽팽함이 나를 키웠고
나를 살게 했다
죽음이란 무늬 속에 드리운 커튼 같은 것
아버지는 술래가 되어 금 밖의 세상으로 문을 닫았다

이제 나는 선 안쪽의 사람
당신은 선 바깥의 사람

비가 시작될 것 같은 하늘을 보며 슬픔은 젖은 습기라는 것을
음지에서 피어난 꽃이란 것을
꼭꼭 다지고 덮어서 둥글게 봉분을 쌓아 올린 것이 슬픔의
높이란 걸 알게 되었다
봄비는
키 작은 생명들을 부지런히 들어 올리고
철없이 등이 많은 나는 눈물이 구부러진다

주름진 생몰 연대가 있다

그것은 찬란하기도 하였고
변색 렌즈를 끼운 안경을 하나 장만하였다

숫자에도 뼈가 산다

처음은 부드러웠지
시작에는 언제나 1이 버티고 있고
5.4.3.2.1.........
와—
재야를 알리는 함성들이 소리 높여 뛰어간다

숫자의 탑塔을 한 층 한 층 쌓아 올리다 보면, 무거운 숫자를 쳐내고 오르는 top
여린 힘으로 땅을 밀고 올라오는 힘
봄엔 부드러워야 방심하니까, 기초를 다지기에 안성맞춤

아버지의 집은 꼭대기에 있었다
한 집, 두 집 건너
소분한 생각들을 차곡차곡 쌓아 올린 집
꽃씨들이 잎을 피우기 좋은

아기 돼지 삼 형제의 벽돌집이 늑대를 피할 있었던 건
숫자의 근육에 박힌 등뼈 때문

나를 툭툭 치고 가는 힘센 늑대는 해마다 출몰하였지
늑대보다 무서운 게 있지

소리 높여 뛰어가는 시간들

신발 밑창에 밟힌 숫자 하나가 콘크리트 못으로 휘어지고
시멘트보다 잘 마른 꿈이 탑으로 떠돌 때
무엇을 피하고 무엇을 지켜야 했을까
허리 속에 철심을 세우던 아버지는

오방색의 새해를 컷팅하면
우리는 동그라미를 펴고 식탁에 앉아 밥을 먹는다

아버지

알고 있제?
이래 뵈도 내가 뼈대 있는 자손이라 캐도
하루 벌어 하루 묵고살아도
아무때나 오징어맨키로 덥썩덥썩 오그라질 수가 없는 기라

니는 나한테 그런 편견이 없어서 참 좋다
나랑 쬐끔 닮은 구석이 있거등
사흘들이 꼬부라지는 기 세상사라 캐도
내색은 안 하는 기 사내 아이가

니도 어디서 무슨 일을 하든 간에
니 몸속에 뼈가 있다는 걸 꼭 기억해야 된다이
세상이 니한테 이단 옆차기를 해도
발등에 말목을 박고 딱, 버티고 있으면 되는 기라
세월 가면 다 맷집이 되는 기라

무슨 소리 하고 있노?
디스크라니 말도 안 된다

아직 시멘트 한 포대는 손가락에 힘만 까닥 쥐도 들 수 있
다니깐
 실비집 아지매 마음 벗기는 거보다 더 쉽다니깐

어젯밤 용당 아지매 함 봐라
내가 고마 탁자 위에 이만 원을 탁, 던져 놓으니까
하루 종일 웃음보따리를 풀어 놓는 기
눈가가 실밥 터진 거 맨치로 실실 풀어지더라 아이가
그러고 보니 돈도 든든한 뼈가 되는 기제

그런 소릴랑 하지도 마라
밤 되면 사지가 오그라지는 거는
빳빳한 종이도 똥 눌 때면 막 구겨야 되는 거이니까
돈은 또 일 나가모 버니끼네
니는 인자
내 걱정일랑 탁, 붙들어 매라니까

명랑한 유산

젊은 여자가 물에 빠져 죽었다고 했다

우물을 덮은 나무판자 위에서 혼자 공기놀이를 했다
이노무 집구석 가난만 아니면 벌써 집을 나갔을 거라고
나를 키운 엄마는 입버릇처럼 말했다
깊고 컴컴한 우물 속으로 떨어지는 꿈을 꾸었다

열여섯 살 때 처음으로 집을 나갔다

사람들은 대나무 귀신이 붙었다고 했다
일꾼을 불러 우물 터를 둘러싼 대나무를 싹 베어냈다
무당을 불러와 굿을 했다
무당은 젊은 여자 목소리를 내며 젖은 눈빛으로 나를 쳐다보았다
홱, 손을 뿌리쳤다
동네 사람들이 수군거리는 소리들

왼 손목을 그었다

까무룩 눈앞이 꺼지면서 정전이 되었다
나를 키운 엄마는 내 귀에 알 수 없는 언어로 울부짖었다
내 심장을 잡고 흔들었다
손목에 그은 시간은 대나무 마디만큼 늘어났고

더 이상
아무것도 궁금해하지 않았다

 도시로 나와 창고 뒷방에서 대나무 잎처럼 파리한 아이를 낳았다
 파르르 경기를 잘하는 아이였다

 우물에 빠져 죽은 여자를 닮았다고 했다

제 2 부

줄자

손끝에 태어난 길 하나

또르르, 첫발을 뗍니다
아침에 태어난 길은 달리게 하는 힘이 있어요
연초록 치어리더의 무릎이 가벼워집니다

안녕을 흔들었던 당신도
짠, 하고 다시 나타났으면

목수의 로맨스가 출렁거려요
다정은 모두 어디로 가고 있는 중일까요?

남일대 해수욕장 옆 고급 리조트 마감 작업 중이네요
곧 입주가 시작되겠군요

지하방에서의 하룻밤은 잊어요

실크 벽지가 완성되면

떠난 시간처럼 우리, 여기 없잖아요

반쯤 빠져나간 그림자가 악수를 청합니다
기다림이란 혼자 뛰는 마라톤이어서

환해서 환한 날은
울기 좋은 날

생각의 눈금에 파도 하나 추가하는 날

별은 언제쯤 등장하는 걸까요
커튼을 친 노을이 먼저겠지요

순서대로 가는 그리움 위에 순서 없이 날아가는 철새들이 있습니다
  끝없이 달려가는 당신은

넘어지는 것 같지만

돌아오는 중

줄자 끝에서 당신이 마중 나오겠지요

만년필

어쩌다 선물 받은 당신에게도 다리가 있었구나
전장에서 돌아온 퇴역 군인 같은
외발

눈 쌓인 바닥을 발 도장을 찍으며 함께 걸을까

이토록 오래되어 쓰지 않는 이야기
열 맞춰 걸어가면
쏟아지는 네 진심

사실은 군대 가 본 적도 없는
고등학교 졸업하자마자 아파트 신축 현장에서 엿가락처럼
허벅지를 분질러 먹은
산재 처리된 젊음이
하얀 눈밭에 절뚝이는 꽃으로 피어날지도 몰라

왕년에 힘깨나 썼다는 전설은
우리들의 USB에 잘 저장해 두었어

잊혀 가는 너의 뒷모습을 첫사랑이라고 불러도 되겠니?

그 후 너의 연애는 지나가고
나의 연애도 지나가고

피아노 건반을 연주하듯 손가락을 움직이면
아스라이 비등점을 넘나드는 난타 소리를 들으며

불구의 너를 하룻밤 가지고 싶다

한쪽 발로 견디고 있는 당신의 추위를
따스한 손으로 꼬옥 안아 줄게

요즘 입술

시속 120Km로 급발진하며 달려오는 입술을
키스로 받을 때
저녁은 수심 200미터 지하에서 헤엄치는 한 쌍의 아귀가
됩니다

입술을 담보로 살림을 차렸습니다
아침마다 찾아오는 허기는 깊었고

식탁 위에서 환하게 웃으며 스파게티를 먹고 있는 집주인
의 모습을
창문 밖으로 쳐다본 적 있습니다
네 면을 스틸, 목조, 콘크리트, 벽돌로 마감을 하였다는
저 집을 좀 압니다

외벽에 다른 질감의 디자인을 마감하느라 미장의
4번 척추가 휘었고
형광등이 노출되는 게 싫다고 천장을 파내라는 집주인의
호소에

시스티나 성당 천장화를 그리듯 매달려 있던

당신 그림자에

작은 바다 하나 들어차곤 했다는 것을요

아귀는 뜨거울 때 먹어야 돼

100T 판넬 작업을 마친 당신이 시뻘건 아귀찜을 먹으며

잘린 아귀 입 한 조각을 쓰윽 내밀 때

저 화사한 집은 우리 집이 될 수 없다는 것을

죄지은 인간들의 혼이 변하여 태어난 것이 아귀라는데

바다가 집인 우리는

비린내를 온 동네에 풍기는 한 쌍의 아귀 가족

하얀 접시 위에서 시속 120Km의 과속에 급브레이크를 밟는

남자의 겨드랑이에 붙여진

키스, 라는 부적을 불살라 버릴 그날은 언제쯤 오는 걸까요?

입술이라는 질긴 짐승이 살고 있어요

암거미

2%의 소금과 98%의 설렘이 있는
눈알과 눈알의 만남

대책 없이 몰려오는 봄 햇살로 사랑은 그렇게 오는 거라고

바람? 불어주면 더 좋지
눈알과 눈알이 한때의 노를 저어 바다를 건너갈 때
내가 완전한 봄이 아니듯
이 봄의 끝은 당신이니까

자기야 나에게도 나무로 된 옷걸이 하나 만들어 줄래?

가벼움과 가벼움이 맞붙어
입맞춤을 하는 그곳에
구김이 잘 가는 나를 걸어둘게

자기를 만나러 갈 땐 새빨간 하이힐을 신고 가고 싶은데
늙은 왕벚꽃나무의 눈빛에

총 맞은 내가 서 있을까 봐 두려워

자기야
언젠가 우리 이 썩은 육지를 버리고 초록의 한가운데로 가자

시퍼런 수평선에 콘택트렌즈 두 개를 풍덩 빠뜨리고 와선
가벼운 목수의 계절로 가자
두 눈이 아지랑이처럼 녹아내리는 이 봄날에, 자기야

뜨거운 자기는 계절의 중심에 서고
나는 한 마리 암거미이고 싶어

눈알과 눈알끼리 평생 눈멀고 싶어

선풍기

세상의 어느 계절을 불러들였기에
이렇게 바람이 부는 걸까

자세를 고쳐 앉고 자세히 보니
그것은 오래전 나를 관통하고 지나갔던
바람

머릿결을 쓸어 넘기면 그 남자의 기억이 비듬처럼 떨어지고
A형의 피가 해바라기로 피는 계절이 오면

그리움은 바람을 먹고 자라나
사람이라는 영양제를 먹고 자라나

이쪽을 쏘아보고 있다면
사정없이 쩔려 버려

뜨거운 생각을 하면 머릿속이 끓는 것처럼
아~ 하고 입을 벌리고 있으면

또다시 당신이 불붙을까?

뜸불산 자귀나무 아래 노랗게 핀 키스가 있었다

스무 살의 바람과 지금의 바람은 피부를 스치는 온도부터
다르겠지만
스쳐간 그 남자가 피었다는 소식에
오늘

바람을 과식하고 있다

인어공주 육지 적응기

급히
동화 속을 빠져나온 인어공주가 있다

결혼 한 달 전
철강 공장에서 급발진하는 지게차 바퀴에 양쪽 발을 내어주고
파혼과 지느러미를 선물 받은 언니는
전설 속 바다를 걸어 나온 왕족의 후예

왕자도 없는 육지에서 살아남는 방법은
두 손으로 접영을 익히는 일뿐

도시의 빌딩 위로 일렁이는 불꽃들
때때로 시간인 꽃들이 피어나고
시들어 갈 때
어쩌면 언니는 남자의 아이를 꿈꿀지도 몰라
가족관계증명서에도 없는

김밥 한 줄 먹고 장애인 복지 센터로 가는 길
구름은 제 기분으로 흘러가고
공주의 허세는 바퀴를 유지하는 힘

언니의 횡단보도에 초록불이 켜지면
지나가는 웃음에도 반짝이는 비늘을 달아 주어야 한다

덜컹,
반으로 접은 언니의 몸이 한 고비를 건너간다

더 이상 타지 않는 젊음

버스 출입구가 닫히면 꾹 다문 입술 같았어요

입술 위에 올라탔지요
그러다가 또 언제 그랬냐는 듯 도로는 정체를 했고
무늬 많은 나비는 꿈이 많았어요

입술이라는 버스에서 자주 내렸던 나
떠나지 못했던 날개들

발끝이 미장칼처럼 길어 나고
우리는 왜 그렇게 달리는 일만 생각했을까요
버스에서 내릴 때마다 손가락보다 가슴 안쪽이 더 시렸습니다
멀미를 할 거 같은 젊음 때문에

불 꺼진 골목 앞에서
날개를 접고 생각합니다

당신이라는 입술

이제는 타지 않는,

푸른 새벽은 수만 개의 아픈 별을 무찌르고
돌아난 생활은 어떤 시선에도 튕겨 나가지 않습니다

어깨를 움츠리고 새의 꿈을 따라 골목으로 숨어들던 젊음도
입을 꾹 다물고
달리는 버스를 더 이상 기억하지 않습니다

배달용 트럭을 한 대 사서 출퇴근을 겸용하거든요

사과, 하고 싶습니다

 사과를 하지는 않겠습니다, 마트에서 당신 뒷모습을 훔쳐보았다고 해서
 잘 진열된 뒤태에서 사과나무를 떠올렸어요
 나무 아래서 맨살을 닿던 일
 사과는 촉감이 달콤했어요
 아삭, 베어 물 때 구름의 곡선으로 흘러가곤 했죠
 사과의 볼륨을 간직한 구름

 부푼 설렘은 당도가 너무 높아요
 말에 충치가 생기곤 했죠

 사과 껍질보다 붉은 우리의 한때는 사과가 자라는 그 시간만큼일 뿐이어서, 시간은 갈변하기 시작했고, 급기야 곪은 자국에서 썩은 냄새가 날 때, 우린 늦가을 이파리보다 더 빠른 속도로 추락했어요

 사과, 하고 싶습니다
 당신을 덜컥 한입 베어 물고 뒷걸음질 쳤던 일

자주 설익은 나를
 사과꽃이 피는 속도보다 빠르게 사과하고 싶지만
 사과를 준비하려면 마트가 문을 여는 시간까지 기다려야 하죠
 푸른 새벽이 떠오르는, 풋사과의 시간만큼 익혀야 해요

 저쪽 언덕을 바라보는 사과나무가 있습니다, 광대뼈가 툭툭 불거진 나무 아래
 첫 사과의 기억이 사과,처럼 달랑거립니다
 기억이 붉게 봄을 피워대는

겁 없이 덜컥 일수를

'일수'라고 적힌 명함을 주워 들고 꼼꼼히 읽어 본다

한때 그놈에게 사랑이라는 현금을 빌린 적이 있었지
현금은 달콤했지
매일 목소리를 뿌려대며 쌓여 가던 달콤한 현금 다발은
그리 오래가지 않았어

사랑이라는 두 단어의 이자는 원금보다 늘어났지
돈을 갚을 날짜는 점점 다가왔고
그놈은 매일매일 사랑으로 일수를 상환하라고 명령했지

현금이란 게 원래 그래
한번 맛을 알면 끊기 힘들지
매일매일 사랑을 갚았지
뼛골이 빠지도록 갚았는데도
어느 날 뒷방으로 나앉게 되었어

일수의 주인은 바깥을 나돌았고

밤마다 돌아오는 날보다 돌아오지 않는 날이 많았어
한번 저당 잡힌 담보는 쉽게 풀리지 않았지
매일 밥상을 차리고 빨래를 하며 일수를 갚았지
갚아도 갚아도 이자는 늘어만 갔어

일수를 함부로 쓰면 큰일 나!
나를 앉혀 두고 경고를 하던 엄마는
무덤 속에 들어가서야 겨우 채무를 면했지

'일수'라고 적힌 슬픔을 쓰레기통에 버릴 때
나도 모르게 심장이 움찔했어

너는 불판 위에서 태어났다

의심은 불씨로부터 시작되지
의심의 쌈을 싸 먹고 의심에 힘을 주는 침착한 미소

가벼운 의심의 화살을 쏘아 불쏘시개를 만들고
너는 자주 의심의 사이드 메뉴를 집어 올리고
밤이 되면 나를 눕혀놓고 몸을 뒤적거리지
등을 껴안으면 부슬부슬 떨어져 내리는 썩은 나무껍질 같은 의심들
실패한 눈빛, 의심했나 봐 너를
후회하듯 놀란 표정을 짓고 있으면 불판은 다 데워져 있고

의심의 밥상은 나날이 푸짐해
너는 젓가락으로 식탁 위에 놓인 한 접시 의심을 쌈장에 찍어 먹는다

한 젓가락 해봐, 먹을 만해
추가로 내온 삼 인분의 의심을 지글지글 굽고
잘 익은 의심을 요리조리 뒤집는다

고소한 의심의 냄새가 이웃집 유리창을 통과할 때쯤
고기 누린내 같은 의심이 식어버린 불판 위에 달라붙어

젓가락질을 배우기 시작할 때부터
의심은 따라다녔고

밤마다 내 몸 위에서 의심을 소화시키는 너를 알고 나서부터
의심의 새끼를 배고 어린 의심들이 아파트 높이를 따라 커갈 때마다
의심은 복도를 깔깔거리며 숨바꼭질을 하고
의심은 점점 자라나 불씨를 사랑하고

선인장

꿈은 걸어 다니지 않는다
한자리에 서 있다

한자리에 앉아 사람을 향해 뿌리내린다

한번 찔리면 전갈보다 위험한 말
몇 년 전 생각에 찔린 상처가 다 아물지 못한 채
옆구리께 붙어 수분 없이 살아남았다

무뎌지지 않는 애인의 철없는 불만은 뾰족해요
마디를 뚝뚝 흘리며
급하게 달려온 땀방울은 뾰족해요

직장을 잃고
사업이 망하고
또 새로운 사랑을 시작할 때까지
잘 마른 상처들은 모두 뾰족해요

짧게 솟아나는 것이
길게 휘어지는 것보다 날카롭고 무섭다

짧아서 응축된 독소
삶이 목말라, 쌓여 가는 갈증이 피부병처럼 돋아난다
그리움을 찌를 수 없어
스스로를 찌른다 해도

지독하게 꿈을 찔리면
푸른 심장에
독을 키우는 가시가 불쑥, 돋아나기도 한다

감자의 둥지

땅속 깊은 곳까지 봄을 심은 건 누구일까
산책 나온 달이 출산한 감자꽃에 머물다 가는 밤
스위치 같은 저 꽃잎을 켜서 줄기를 타고 내려가면
알 밴 감자들이 세 들어 살고 있을 거야
땅속 환하게 불 밝히며
도란도란 뿌리내린 새끼 감자들이 있을 거야
둥근 알들끼리 툭, 하고 어깨를 부딪혀도
상처가 나지 않아 마데카솔이 필요 없는 땅속 마을
날카로운 아카시아 뿌리가 신경 줄기를 건드려도
거 참, 너털웃음 한번 웃고 나면
맛나게 풀리고 마는 순박한 이들의 터
저 깊은 땅 밑에도
흙으로 막걸리를 빚어 주는 지렁이의 집이 있고
짠 눈물과
고소하게 퍼져가는 사랑이 자라난다
언제부터인지 내가 서 있는 땅이 꼬물거린다
땅속의 소식을 알려주듯
갈라진 뒷굽을 타고 전신으로 퍼져 올라오는

따스한 이야기가 사는 마을
장난치던 바람이
뿌리혹박테리아를 빠져나오는 밤
아직 동화가 살아 있는 지하 마을에는
통통하게 살찐 봄이 감자를 키우고 있을 거야
밭고랑 속, 빼곡한 어미들이 포슬포슬 알전구를 켜고
아이들의 단잠을 다려 펴 주겠지
새끼 달이 강물 속에 태어난 지 한참 지난 오늘 밤
노랗게 여물어가는 아랫마을
온통 깜깜해서 눈부시게 익어 간다

제 3 부

신발장에 적을 두고 있어요

하나의 신발이 젖어 있네요

검은 구두는 그 어느 때보다 더딘 걸음을 떼고
한참을 분향소 앞에서 머물렀습니다

공사 현장에는 추락하는 새들이 많아요
삼십 분도 채 안 돼 완성된 영정 사진은 주검을 속성으로 기념하네요
슬픔도 예의란 걸 아세요?

새벽을 열던
당신의 믹스커피 향을 기억합니다

고분자의 건축기사는 속이 너무 가벼워요
안전모를 쓰지 않고 안전 난간대가 없는 빌딩에서 용접을 하였다니
문상객들의 복장만으로도
주검은 한 종류의 색깔이란 걸 알겠네요

삶이라는 피아노 건반에

오늘은 어떤 신발을 신고 몇 옥타브로 연주해야 할까요

멈출 수 없는 게 바닥이고 집이라면

집은 음악

박수라고 해두죠

상주 복을 입은 7살 아들 용석이가

구석에 앉아 목 잃은 국화 꽃잎을 떼면서 놀고 있네요

당신은 싱싱한 것을 좋아합니까?

그리움은 멀리 가는 것을 좋아합니다

신발장에는 내일을 준비하는 마음들이 즐비하고

슬픔도 거뜬히 실어 나를 수 있습니다

일으켜 묻고 싶은 것이 많지만

고층의 이야기는 새의 음계를 빌려 마저 듣기로 할게요

높은음자리 도를 세게 쳐주세요

우는 불꽃

불은 정말 눈물을 흘리는 걸까

남자는 눈물을 보기 위해 불을 피워 보았다고 한다
허공의 불꽃에
물음표를 남길 때
움쩔, 불이 우는 소리를 들었다고 한다

 조립식 지붕 위에서 불붙은 용접 모자를 쓰고 바닥으로 떨어진 남자를 본 적이 있다
 쇠보다 더 오그라진, 화상으로 얼룩진 남자의 가슴
 허리를 또르르 말고 번데기보다 더 정확한 번데기의 자세로 누워 있었다
 119 들것에 실려 새하얀 고치가 되어가고 있었다
 얼굴을 찡그리고
 화火를 이마 주름에 새기고 있었다

불이 울고 있었다

남자의 갈비뼈에 불길이 번진다
천년을 묵묵하게 서 있던 나무도
나무 같은 남자도
불을 만나
한번 울기 시작하면 아무도 말릴 재간이 없다
타닥타닥

불은 소리로 울기 때문이다

잎의 자서전

새의 날개에는 나뭇가지가 들어 있어요
나무 위에서 태어나 나무의 기원으로 날갯짓을 시작하지요

굵은 가지를 소화시키지 못해 긁어모은 잔가지의 용기가
새를 날게 합니다

깃털처럼 여린 마음이 들어 있어
상처가 많은 가지들일수록 새의 울음소리는 애달파지고
나도 언젠가 새의 목소리를 빌려
목수에게 육성 편지를 보낸 적이 있어요

가을이 오면 새는
붉은 옷으로 갈아입습니다
버려야 가벼워진다고 귀에 수없이 들었지만
몸에 실금이 간 뼈들이 들어있어 채 날아보지 못하고
어른이 되어버렸어요

가을 새는 나무의 열매입니다

나뭇가지 위에서 그네를 타지요

벌레 먹지 않은 열매의 울음소리는 싱싱합니다

매달려 먼 곳으로 떠날 준비를 하고 있네요

가장 부드러운 자세를 몸에 지니고 태어나

오래 한자리에서 새의 몸짓을 익혀

상처 없는 날갯짓을 준비하고 있어요

나뭇가지들이 우우, 손뼉을 치면

한 떼의 우리는 날아갑니다

모자이크 타일

깍둑썰기를 하지 않고서는 이 세계에 입장할 수 없어요
보일러의 온도가 차가울수록
좁은 동네에는 끓여야 할 것이 넘쳐나서

따뜻한 국을 먹고 나면 당신은 팔이 아파
옷을 걷어 팔뚝을 보면
리모델링 현장에서 온종일 모자이크 타일을 붙이느라 멍든 자리는
아침에 끓인 푸른 감자

박스 안에 잘 감춰 두었어야지
자외선을 쬐면 갈라지잖아
임종 전에 외할머니가 장롱 밑에서 꺼내 주신
곰팡이 핀 지폐 한 다발은 모두 감자가 되었습니다

종이 인형처럼 납작해진 얼굴이 감자를 반으로 가르고
또 반으로 갈라도 감자는
감자

우리 집은 온통 노출된 감자 무늬

미완성의 감자는 궁리 중이에요
오늘은 몇 조각을 내 아름답게 맛을 낼까
흙내가 난다고 투덜대는 목소리를 한 걸음 뒤로 물리고

자, 어서 먹자
푸른 상처가 부드럽게 익은 아침

우리 언젠가 만난 적이 있지요?

걸을 때마다 알리바이가 남는다

바닥에 패인 어둠이 파도처럼 출렁이는
한 켤레 안전화 밑창에는
카드 사용 내역서보다 정확한 일당이 기록되고

만보기의 발자국을 가진 너는
선택지 앞에 늦었던 한 발을 기억하고

첫 번째 발자국은 두 번째 발자국을
비난하지 않고 너는
아날로그 방식을 침묵하고 다시
뚜렷해지고
아침부터 흔들렸던 걸음은
건축 현장 바닥에 지문으로 걸어가고

내려앉은 어깨가 하루의 반경 어디쯤에 기록되어 있는데
전봇대가 먼저 읽고

어둠의 변방으로 전송하는

너는 간격이 뜸해지고, 일만 개의 발자국을 지우고

안전화의 밑창을 갈아 끼우고
충돌은 무음이고, 다시
뒤꿈치가 희미해지고
멀어져 가고

그러니까, 우리 언젠가 만난 적이 있지요?

설계도

가을 국도는 고래를 꿈꾸었나 봐
갈비뼈가 드러나도록 붉은 살점을 떨어뜨리고 있다

초고속 엘리베이터를 타고 떨어지는 살점들
언니의 한때가 툭툭 붉어져 나온다

고래의 기분을 대변할 수 있을까
기분 위에서 떨어지는 저 한 점은

용남 고등학교 지나
벚꽃 터널 지나
귀무덤으로 가는 국도변 신축 현장에서 고래가 장난 삼아
사촌 언니를 자빠뜨렸다
 귀가 찢어지고
 홀러덩 뒤집어진 언니

실리콘 작업을 하러 온 인부가 새벽에 출입문을 열었을 때
손톱에 피가 묻은 언니가 납작하게 굳어 있었다

갈비뼈 사이엔

피노키오가 새겨놓은 거짓말이 깨알 같아서

언니의 뼛가루가 지나간

시간이 지나간

나무 터널을 통과하면

태양을 잡아먹고 거대해진 잡식성의 고래를 만날 수 있다

고래는 껍질보다 윤기가 흐른다

금요일

하늘에 설계도 없는 벽돌집 한 채 짓고 있다

오후의 마지막 구름에서 자신의 오른팔을 꺼내
붉은 노을과 노을 사이의 빈 공간에 회색 줄눈 시멘트를 꾹꾹 눌러 넣는다
해는 지고 밤은 다가오고

급하게 집을 짓는 노을의 날림 공사는 이미 예견된 일

와룡산 자락 아래 작은 산밭 하나 매입해
제 손으로 직접 집을 짓겠다며 안전모도 제대로 쓰지 않은 채 사춤 작업을 하다가
노을이 지기도 전에 목숨이 먼저 져버린 여자

날일하는 사람들도 건축업자도 모두 돌려보내고
그녀는 죽어서도 혼자 하늘에 줄눈 시멘트를 넣는다

육체를 한번 버린 목숨은 무한 상상력을 가지는 법

노을 사이에 빈 곳을 채워 넣는 그녀의 모습이 해 질 무렵이면 어김없이 상영된다
가끔씩 떨어지는 빗방울에서 소주 냄새가 짙은 날엔
더 맹렬하게 사춤 작업을 하는 그녀
준공검사를 받지 못한 집을 하늘 위에 대놓고

노을 등기부 등본에 자신의 이름을 소유자로 새겨 넣는다

양생養生의 계절은 들쑥날쑥하지만
금요일은 새끼손가락의 정기적인 약속

살아 한 번도 자기 집을 가져보지 못했던 그녀가
넓은 하늘 마당을 혼자 독차지하고
낙엽을 쓸고 있는 일용직 청소부에게도 제 붉은 벽돌집을 자랑하고 있다

목수의 집

방충망 사이로 뼈 없는 절지동물 집을 짓고 있다

멀리서 보면 까만 점 하나
투명한 벽을 흔들고

견딜 뼈가 없이도 웅크릴 줄 아는구나
공처럼 오므려 잠시 바람을 거슬러 견딜 수도 있구나
여러 개의 짧은 발을 가졌지만
발을 빼는 법을 익혔지만 쉽게 선을 넘어가지는 못하는구나
쇠의 얼개 위에 더 깊이 발가락을 움켜쥐는구나

다족의 발가락으로 열쇠를 걸어 놓은 집

깜깜할수록 우는 소리가 더 깊다
더 오래간다

허공을 걷는 발가락이
건축용 미장실을 뽑다 말고 투명한 안쪽을 들여다본다

도망갈 곳 없는 방사형의 통증

퍽
퍽

바람에 닿는 목수의 집이
부위를 가리지 않고 아프다

은행잎 도서관

드디어 도서관이 오픈했습니다

햇살 아래 밑줄 그으며 읽었던 초록 여름을
차곡차곡 책꽂이에 꽂아 두었어요
비바람 치던 말씀의 색깔이 찬바람을 따라 깊어지고

바닥에 고서들이 쌓이고 있습니다

흩어진 문장을 소화시키면
샛노란 명언들이 태어납니다

축동 초등학교 담장 옆에 우뚝 서 있는 가을 도서관에는
아침마다 안내 방송을 하는 이장님의 말씀과 바다 내음의
유서가 익어가고 있어요

도서관 아래를 지나는 중졸의 목수 아저씨도
쓰윽 싸악, 건축재료학 한 권쯤은 손끝에 쩽쩽하게 쟁여 놓
고 살지요

완행버스가 쉬는 곳마다

여자를 내리고 살아온

담도암 걸려 노랗게 물든 그의 가을도

곧 떨어져 내릴 거 같습니다만

가을은 따뜻한 양보입니다

오늘을 접고

첫눈을 펴면

엔딩 자막이 흘러 내리고, 아저씨는 내년에 문을 엽니다

자두의 귀엣말에 심은

식탁 접시 위에 동그마니 앉아 있는 자두 한 알

탯줄이 잘린 꼭지 안쪽으로 하얗게 붙어 있는 귀지들
매달려 있으면서 깊은 이야기를 담았구나
들어주기도 하고
다 털어내지 못해 열린 혹덩어리
여자에게 유독 좋다는 붉은 이야기집은 산달을 채웠구나

페인트 가게를 하는 혜정이는
걸을 때마다 두 손이 춤을 추는 2급 지체 장애아를 낳은 아픔을
자두의 귀에 풀어내곤 했지

붉어지지 않은 누런 단물을 뚝뚝 흘리며
귀가 깊어지는 자두를 보았지
그러므로 자두는 여자의 한숨으로 단맛을 키우는 집

자두는 별의 이야기를 차곡차곡 쟁여 두었지

붉은 안쪽이 점점 별빛으로 변했지
어쩌다 자두 한 귀퉁이에 각혈을 한 자국이 생겼어
자두는 옆집 아이보다 심한 장애를 앓았지
아이의 몸에 먼 화성이 들어와 집을 지었기 때문

한쪽을 도려낸 자두를 입에 넣고 우적우적 씹어 먹었지
자두꽃이 피는 먼 우주가 이빨 사이로 흘러내렸지

언제부터 시작된 걸까요?

E-9 비자를 발급받았습니다
교육을 잘 받으면 한국에 취업할 수 있어요
떠나도 된다는 허락은 엔진입니다

나팔관 속에 있는
잠수함에 시동을 걸고
유유히 물속에 떠서 먼 한국으로 여행을 떠납니다
알꽈리는 한 달에 한 번 터지므로
구명조끼가 갑갑하다고 벗어서는 절대 안 됩니다
감사합니다 땡큐!
취업 준비는 무사했어요

근로자 복지 병원에서 키를 재고 몸무게를 잽니다
이제 속을 들여다볼 시간이에요
복부 초음파로 자세히 자궁 속을 살펴봅니다
의사가 고개를 갸우뚱합니다
왼쪽 나팔관 잠수함에 물이 샙니다
3기 난소암은 압력으로 곧 터져버릴 거라고

표정 없는 목소리로 알려 주네요

땅, 땅, 땅
링 위에서 내려올 시간입니다

펴 보세요
누구나 손바닥인 걸요

우즈베스탄에서 온 무슬림, 21세 봄띠 여성입니다

자음들의 수다

 한때 낭만을 가르쳤던 전직 교사가 아들의 자영업을 위해 일시불 연금을 털었다네요. 그러다 표지 제목보다 비극적인 스토리의 주인공이 되었데요. 잡지란 게 그렇잖아요? 낡아지면 노끈으로 묶인 채 길거리에 버려지는 거.

 까칠한 자음들의 수다는 모두 망했다고 하네요. 험담을 즐기는 잡지 책에 귓속말로 적혀 있어요. 정답을 기록한 겉장은 반쯤 찢어져 옆 골목으로 달아났고요. 받침 빠진 사연들 뒷골목에 나뒹굴었죠. 한때 정답만을 가르쳤던 김 선생의 허리는 오답으로 굽었어요. 폐업 직전인 아들의 점포세는 과체중이 되어가고요. 빠진 이빨처럼 군데군데 꺼진 불빛은 김 선생의 대차 대조표인가요?

 저기, 건축 현장 바닥을 꼼꼼히 줍고 가는 김 선생이 보이네요. 손가락이 덜덜덜 떨리는 김 선생이 새벽부터 부지런하네요. 겨울이 오면 건축 현장 옆에 있는 간이 화장실에서 12mm 철근으로 구겨진 채 발견되고 말겠지요. 의사는 펜혹의 부작용이라고 사망 진단서를 적어 낼 테고요. 아들은 가게를 보느라 전화만 주야장천 돌리겠네요. 햇살은 시치미를 떼고 환히 웃고 있겠지요.

제4부

가슴 안쪽에 봄이 건축된 적 있다

이 봄을 누가 철거했을까

꽃대는 누수가 시작되었고
군데군데 금 간 잎은
눈빛이 흐려졌으며

피었던 꽃을 누가 철거했을까

당신의
내벽에서
한때 분홍이었던 나의 봄을

유월의 디즈니랜드

거기 신축한 냉면집 마당은 디즈니랜드 주차장만큼 넓어
당신이 무심코 말했을 때
팡팡 이불을 털 듯 유월이 털려 나간다

디즈니랜드에는 자동차가 수없이 세워져 있겠지
누군가에게는 아직 없는 자동차

당신 가슴팍처럼 넓은 주차장에서 시동을 걸고 싶다면
당신은 조금쯤 이해할 수 있을까
입술이 시퍼렇도록 차가운 이 동네에서
벌겋게 타버린 엔진의 마음을

불어 터진 슬픔을 후루룩 먹어 본 사람이라면
디즈니랜드를 꿈꿔 본 사람이라면

거기 유월의 밥상에 깨소금처럼 빻아진 당신
아직은 그런대로 살만한지
심장까지 더운 날엔 육수에 꿈을 풀어 젓가락으로 건질 수

도 있는지
　다 소화될 수 있을까

한 번도 가보지 못한 디즈니랜드에서
엘리베이터 자동문처럼 쓰윽 열리는 웃음을 닫고
문밖을 나설 때

나
당신의 세계를 조금쯤 이해할 수 있을까?

바닥이 날아간다

 바닥에 누워서 하늘을 본다
 바람에 흔들리는 나뭇잎이 뒤집어지면 가느다란 잎맥에 바닥이 드러난다

 바닥의 눈가에는 밀물이
 바닥의 이마에는 썰물이

 철거되는 마른 잎에 샌드위치 판넬을 실은 여객선 한 척 표류하고 있다
 길항하는 돛폭처럼 나는 자주 낮 꿈을 꾸었었지

 어디가 가장 낮은 바닥일까
 떠나려는 날개는 바닥에서부터 가벼워지고
 더 가벼워지면 가을이었다

 바닥이 되기 전에 바닥이 물고 늘어지기 전에 떠나야 한다

 수평선을 밀어 버릴까

아무도 발견하지 못한 목수의 집으로 숨어 버릴까

바람이 바닥의 틈새를 흔들고 간다
자, 날자

지금부터 떨어지는 비상飛翔이 되어 보는 거야
저만치 바닥이 떠날 준비를 한다

다 버린 자세는 다 얻은 자세보다 가볍다

4인치 블록

비어 있다는 것은
가득 채울 수 있다는 뜻이기도 해

상상할 수 있어?
빈 공간에 빼곡히 감춰진 4인치의 가볍고 따스한 무게

비었다는 것은
그 속에 더없는 깊이를 만들기도 해
밑바닥부터 동그랗게 뚫린 구멍을 보고 있으면
감성 풍부한 소녀의 심장 같기도 해

입자가 고운 시멘트 미장을 하면 싱그러운 자태가
더욱 무성하게 뻗어나갈 꿈의 계단

거침없이 솟아나는 높이를 동경했어

같은 얼굴을 반복한다는 건
치밀하고 아슬아슬한 반전의 줄거리가 존재한다는 뜻

곧 봄이 찾아올 거야, 네모나거나 동그란 구멍이
차곡차곡 쌓인 리모델링 현장에도

시멘트 빛 구름 한 덩이를 잘 발라서
감수성이 새는 실금부터 막아줄 거야

두 팔을 쭉 뻗어

WD-40

마트에서 손님이 방청 윤활제를 카트에 담는다

녹슬어 깜박거리는 전두엽에 뿌려주면
지나간 애인과의 속삭임까지 되살아날 거야
골다공증이 기습 준비를 마친 뼈들에게도
WD-40 하나면 처녀 때로 되돌릴 수 있겠네
내 마음 곳곳에 뿌리면
도대체 원인을 알 수 없는 외로움도 싸악 가시고
마주 앉아 와인을 마신 듯 두 볼이 붉어지겠네
희끗해지는 머리카락에도 쓱 뿌려 검은 머리 다시 돋게 하고
주름 깊은 피부도 탱탱해지고
독소처럼 퍼진 걱정에도 뿌려주면
어린아이 같은 마음이 피어날 거야
만병통치약보다 좋은 이것만 있으면
짓궂은 미소를 띠며, 깨금발로 생초 골목을 쏘다니겠네
WD-40 나가신다아—
뒤를 따르라—

철없이 녹슨 어린 시절 복원할 수 있겠네

WD-40 한 통 카트에 담는다

벽화에 핀 꽃

건축 현장 가벽에 피어난 사람들의 그림자는
진회색 꽃이 된다
꽃의 증거가 된다

이곳을 지나가는 남자와 여자
그리고 아이
점심을 먹으러 가는 한 떼의 일당쟁이 목수가 벽에서 사라지고 나면
오후의 꼬마들이 금계국으로 피어나 잡기 놀이를 하고
반쯤 시든 채 서쪽으로 걸어가는
마리오네트가 된 할머니들

초화草花의 퇴장은
목본을 부른다

가로등 불빛을 등진 가벽은 밤에도
지나가는 그림자들 죄다 모여 사람꽃을 피운다

두 송이의 목련 같은 젊음이 늦은 밤 벽 위에서
서로 엉켜 들고
떨리고
어쩌면 나무는 첫사랑을 완성하고 있는지도 몰라

벽의 하루를 지나가는 남자와 여자
할머니
그리고 그림자

우리는 모두 외벽을 지나 사람이 된다

뿔소라의 집

뼈를 바람벽으로 삼았어
물결의 출렁거림은 같은 방향, 가라앉지 않고 집을 완성했어

한발 내디디면 동종의 친구들이 많았어
하지만 오늘은 타인이고 싶었어, 가까워서 나는 비린내가 싫었어
집은 점점 나선형이 되었어

비웠지만 모두 받아들인 한 채의 집

빈 곳을 보고 있어
뾰족한 것은 발화하고 싶은 흔적, 맹렬할수록 감추기 좋은
발길질해도 파도 한 번이면 깨끗해졌어
나선형의 입구에서 헤엄치던 것들의 흔적
그걸 사람들은 생각이라고 불러

때로 초고음 삑사리를 내고 싶었어
발작의 원인이 뭘까

어떤 승세를 떼어 낸다면 가벼운 모래사장이 될 수 있어

한 채의 집 속에 한 채의 고요가 들어 있어
이것은 누가 선택한 것일까
단편적으로 불어오는 바람이 있어
낮은 쪽으로 파고드는 집이 있어
그걸 사람들은 너라고 불러

움직이지 않고 다만 가만히
생각 사이에 물결이 일고 있어
그 위에 반달이 뜨고 있어
반달이 빈집으로 내려와 잠이 들까?

행위예술가, 김

편백림의 자세를 익혀요

지나가는 사람들은 말이 많아
유심히 지켜보고는 귓속말로 무언가를 수군거리고
혹은 일침을 놓고
줄을 세우고
줄을 짓고
언제부터인가 자꾸 줄을 대는 버릇

말의 바늘에 찔린 채 온통 피 흘리고 있는 하루
뻥, 차버리고 싶어

이파리들이 뒷짐을 지며 풀썩 뒤집어졌다가 제자리로 돌아올 때
아차!
대열을 놓친 기분이
등 뒤로 쭈욱 줄을 짓는 기분

기저귀를 떼고
귀가 자라기 시작하면서 사람들은 수군거리는 일로 분주해요

한 발짝도 움직이지 못한 채 몇백 년
줄 선
나무의 마음

언제쯤 뿌리를 끊고 떠날 수 있을까
새들 한 무더기 저쪽 나무로 날아갈 때
속으로만 금간 것들의
지도 속
잎보다 흔들리는 나이테가 보여

흔들리는 풍경도 연극일까요

사는 게 원래 자로 잰 듯 규명할 수 없잖아요

피자를 먹는 저녁

상자 속에서 너의 원형은 가지런하다

처음 뜨거웠을 때를 기억하나요, 당신
한입 베어 물며 대화를 할 때 입가로 조금씩 새어나가던
뜨겁고 단내 나는 웃음

전자레인지에 남은 조각을 다시 데워야 할까
대부분 식어버린 상대방의 표정을 배려하며
더 이상 달라붙지 않는 임계점이 지난 조각에 대해
눈을 뜰 때나 눈을 감을 때나
아니면 검은 머리가 파뿌리가 될 때까지
파뿌리처럼 늘어지는 피자의 점성을 간직하길 바라는 마음

먹고살기 위해
새벽 시장 인력 패 사람들과 입씨름을 하는 긴 시간 동안
피자는 조각마다 각각 다른 체온으로
입안에 들어가고
우리가 실제로 먹은 피자는 너무 굳어서

조금 녹아버린 빙하 같기도 하다

피자에는 빠른 시간이 산다
저녁은 늦게 오고

끈적하게 늘어지는 눈물이 조금씩 식어가는
접시 같은 네가
이제 슬프지 않다

멸치 똥

멸치 똥을 깐다
변비 앓은 채로 죽어 할 이야기 막힌

삶보다 긴 주검이 달라붙은 멸치를 염습하면
방부제 없이
잘 건조된 완벽한 미라 한 구
말을 걸어온다
바다의 비밀을 까발려줄까 삶은 쓰고
생땀보다 짜다는 걸 미리 알려줄까, 까맣게 윤기 나는 멸치 똥

죽은 바다와
살아 있는 멸치의 꼬리지느러미에 새긴
섬세한 증언
까맣게 속 탄 말들
뜬눈으로 말라 우북우북 쌓인다

오동나무를 흉내 낸 종이 관 속에 오래 들어 있다가
사람들에게 팔려온

누군가의 입맛이 된 주검

소금기를 떠난 적이 없는

가슴을 모두 도려낸 멸치들 육수에 풍덩 빠져

한때 뜨거웠던 시절을 우려낸다

입 밖으로 내뱉지 못한 뼈를 남기고

객사한 미련들은 집을 떠나온 지 얼마만인가

잘 비운 주검 하나 끓이면

우러나는 파도는 더욱 진한 맛을 낸다

석축의 시간

감자는 그늘을 따라 길쭉해졌어

성장은 여러 조각으로 등분한 기억을 간직하고 있어
쌓인 석축 속에 앉아 있으면
그늘도 아늑한 집이 되지

습한 것들이 틈을 낸 구멍 속에서
어둠을 되감고 있어
감자와 감자 사이에 핀 송엽국의 분홍빛에
물 대신 그늘을 부어주고 있다네

꽃들은 표정 옆으로 영역을 넓히고
축대의 무게와 안쪽 삶에 대해 생각하고 있어
무늬를 완성한 뱀은 어디로 갔을까
어린 노린재가 바깥으로 발가락을 펼 때

포슬포슬한 알 감자를 쌓아놓은 오후에는
우리,

돌의 겉껍질을 깎아 내고 석축을 삶아 먹을까?

조금 딱딱하겠지만
입이 터지도록 익은 감자를 먹으면 한 백 년쯤 거뜬히 배가 부를 거야
숨바꼭질하는 그늘 사이로

푸른 옹기

옆구리에 유통 기한 하나씩 흉터처럼 찍혀 있는데
나는 나의 유통 기한을 기억해 본 적 없다

할머니는 몇 대째 이어 내려오는 내 몸속 물이
씨간장이라고 명명해 주신 적 있지만
씨가 무엇인지도 모를 어린 나이부터 서리 맞는 일을 배웠다

가끔 몸을 씻겨 주는 소나기를 피부에 새겨 넣기도 하고
바람이 전해주는 먼 곳의 이야기를 담아
씨의 근원을 만들었다
씨란 할머니의 그 윗대 할머니의 고함소리
한 번씩 뚜껑을 열 때마다 세상 모두를 달이고도 남을 만큼 짰다

꽃잎 하나 떨어지지 않는 날에는
우두커니 서 있는 일도 허기가 져서
무두질해 부드러워진 옹기 한 벌 걸쳐 입고 먼 섬으로 떠나고 싶기도 하고

옹기를 반으로 뚝딱 잘라
양산을 만들어 쓰고 도시로 쇼핑을 나서고 싶을 때도 있었지만
마트에서 파는 나의 짝퉁들,
입에서 입으로 전해지는 소문을 들은 이후 쉽게 이곳을 떠나지 못한다

시간이 쌓인 짱짱한 나의 둘레
진짜는 진짜답게 몸을 함부로 움직이지 않는 법
나는 나의 방식을 온몸으로 쟁여 둔다

훌쩍 성숙한 씨 간장 한 그릇, 따스한 봄이 퍼갈 때를 기다려
나는 나를 완성한다

해설·시인의 말

해설

일상의 시적 변용과 은유의 성찬(盛饌)
— 안이숲 시집 『요즘 입술』에 부쳐

김종회(문학평론가, 전 경희대 교수)

1. 전설처럼 애달픈 가족사의 비의(秘義)

 안이숲의 첫 시집 『요즘 입술』을 원고 상태로 읽으면서, 필자는 여러 번 놀랐다. 저 남쪽의 한 지역에서 오랜 습작으로 시를 쓰고, 마침내 시집 한 권을 묶는 신인의 시가 이렇게 웅숭깊은 의미망을 형성할 수 있단 말인가. 신인의 단계에서 흔히 보이는 미숙함이나 어설픈 치기가 거의 없고, 각기의 시가 진솔하고 질박하여 은연중에 시 읽는 기쁨을 누리게 하지 않는가. 그의 시에는 지적 유희나 이미지의 과장과 같은 생경한 제스처가 없다. 자신이 살아가는 일상의 모습 가운데서 소재를 얻고 이를 재치 있고 순발력 있게 시화(詩化)한다. 그가 활용하는 객관적 상관물이나 표현에 있어서의 은유적 기법은 어느결에 하나의 흐름을 형성하여 그 시 세계에 편만(遍滿)하다.

　이 시집의 1부는 시적 화자 또는 주변 인물들의 가족사와 그 비밀을 탐색하는 시편이 주류를 이룬다. 이 창작의 방식은 누구에게나 공통되는 보편적 정서를 소환하는 데 유익하다. 사연 없는 무덤이 없다는 옛말처럼 아픔과 슬픔이 없는 가족 구성원이 어디 있을까마는, 유독 이 시인은 그 애달픈 사연의 구체적 세부를 능숙하게 적출한다. 다섯 개의 손가락으로 가족 곧 오빠들을 비유하며 서로 다르게 '각인된 얼굴'을 보여 주거나(「새끼손가락」), 국도 3호선 바퀴에 깔려 '세상에서 삭제'된 동생을 기억하거나(「내일은 A+」), 어려운 삶을 견디는 힘으로서 '백일 갓 지난 딸아이'를 내놓는(「여름 한낮의 배달」) 등 여러 모습이 거기에 있다.

　　오, 그러니까 출입구가 많지 않은 알 속이었군요
　　계단식으로 세상에 분포하는 많은 종들

　　저 숲을 한번 보셔요
　　잡아먹히는 초식동물들

　　가장 안전한 때가
　　유충으로 태어나 알로 지낸 날들이었고

　　피자 배달을 하면서 승용차를 피하지 못했을 뿐이에요
　　영정 사진 속의 나는 환하게 웃고 있네요

(중략)

야무지게 묶인 삼베옷은 번데기보다 할 수 있는 게 많아요
동그랗게 등을 말면 날개의 자세가 돋아나니까
편백나무 아래
세상에서 가장 화려한 나비 한 마리 날아오르네요

엄마, 나비를 생각하세요

나의 발인이 있는 내일
꿈에그린 아파트 701호에 도배를 해주기로 되어 있는 엄마

부디, 그 일정을 취소하지 마세요

-「수목장」 부분

 인용된 시「수목장」은 이 시인의 가족 시편 중에서도 가장 가슴 에이는 상황을 담았다. 시적 화자 '나'는 지금 영정 사진 속에서 환하게 웃고 있다. 그리고 짐짓 아무 일도 없다는 듯이 자신의 엄마에게 말을 건네고 있다. '나의 발인이 있는 내일'을 앞두고, 화자는 엄마에게 당부한다. '세상에서 가장 화려한 나비 한 마리'를 생각하라고. 사자(死者)의 영혼을 두고 하는 약속이니, 죽음이 삶의 끝이 아니라는 말로 엄마를 위로하는 것이다.

그리고 또 있다. '꿈에그린 아파트 701호'의 도배 일정을 취소하지 말라고. 이승을 떠나는 자식은 엄마가 일상의 삶에서 무너지지 않기를 간절히 바란다. 참척(慘慽)이 얼마나 아픈 것이면, 이를 자식이 짓는 가장 큰 죄라고 했을까.

    작정하고 흘린 땀의 사리舍利다

    트럭에 시멘트를 싣고
    사천 읍내를 지나 삼천포 쪽으로 액셀을 밟을 때마다
    에어컨이 고장 난 당신의 등판은 염전이 되었다

    간이식당에서 소금을 듬뿍 친 칼국수를 먹고는
    아무렇지 않은 듯 손을 흔들며
    등을 보일 때

    (중략)

    하루를 딱딱한 골조로 채운 날엔
    얼굴을 한번 쓰윽 문지르면 뺨에서 당신 대신
    허연 각질이 만져진다

    오징어처럼 바싹바싹 말라가는 얼굴에
    소금은 아직 살아 있다는 서약

염전을 등에 지고 건축 현장으로 가는
당신 뒤 꼭지를 열어보면
땀의 사리가 하얗게 붙어 있다

당신은 서둘러 혈압약을 삼킨다

소금꽃이 피는 하루에는
뜨거운 아버지가 살고 있다

― 「소금꽃이 피는 하루」 부분

이 시는 세상의 모든 아버지에게 바치는 헌사와 다르지 않다. '에어컨이 고장 난 당신의 등판'이나 '건축 현장으로 가는/당신 뒤 꼭지'에 '땀의 사리'처럼 소금꽃이 피어 있다. 아버지의 노동과 수고와 애씀을 이토록 절실하게 표현할 수 있을까. 그런데 그 소금은 '아직 살아 있다는 서약'이며 소금꽃이 피는 하루에는 '뜨거운 아버지'가 산다는 것이다. 우리 삶의 바탕을 이루는, 힘들고 불편하지만 값있고 필요불가결한 무거움이 문득 감동이 되는 경우다. 항차 아버지에게서만 그럴까. '종손이라는 이름에 걸린 가문 한 채' 간수 하느라 평생을 보낸 어머니, 이제 '몇 겹으로 박제된 풍장'의 어머니(「나비 경첩」)도 있다.

2. 타자와의 사랑에 대한 시적 정의

안이숲의 시들은 시인이 깊이 있는 생각과 더불어 관찰하고 체험하며 또 동행한 모든 것들에 대해, 자신의 속마음을 나눈 그 과정의 기록이다. 거기에는 오래도록 친숙한 사람, 눈여겨 보아오던 사물, 그리고 이들이 조화롭게 이루어내는 관계성의 규범이 있다. 이러한 정황에 대한 시적 표현은, 그러므로 개념의 범주가 큰 우주론적 사랑에서부터 작고 소박하지만 단단하고 품격있는 사랑에 이르기까지 폭넓은 운신의 폭을 갖고 있다. 그러나 시인은 결코 직접적으로 그 마음을 고백하거나 토로하는 손쉬운 방식을 선택하지 않는다. 그는 언제나 객관화된 상관물에 빗대어 말하거나, 아니면 유효적절한 은유를 동원하여 본심을 숨겨둔 채 말한다.

2부에 실려 있는 시들은 그와 같은 사랑의 법칙을 현현(顯現)하느라 사뭇 분주하다. '죄지은 인간들의 혼이 변하여 태어난 것이 아귀'라는 전제를 미리 설정해 두고, '시속 120Km로 급발진하며 달려오는 입술을/ 키스로 받을 때' 한 쌍의 아귀가 된다(「요즘 입술」)는 수사(修辭)는 적나라하고 섬찟하다. 어느 시인이 남녀가 나누는 키스의 본질을 이렇게 격렬한 형이상의 시어로 표현할 수 있을 것인가. 열렬한 사랑의 표현을 위해 시인이 동원한 암거미의 입을 빌면, '언젠가 우리 이 썩은 육지를 버리고 초록의 한가운데로 가자'(「암거미」)는 청유가 제시된다. 심지어 '눈알과 눈알끼리 평생 눈멀고 싶어'라는 광포한 의지도 숨기지 않는다.

급히
동화 속을 빠져나온 인어공주가 있다

결혼 한 달 전
철강 공장에서 급발진하는 지게차 바퀴에 양쪽 발을 내어주고
파혼과 지느러미를 선물 받은 언니는
전설 속 바다를 걸어 나온 왕족의 후예

왕자도 없는 육지에서 살아남는 방법은
두 손으로 접영을 익히는 일뿐

(중략)

언니의 횡단보도에 초록불이 켜지면
지나가는 웃음에도 반짝이는 비늘을 달아 주어야 한다

덜컹,
반으로 접은 언니의 몸이 한 고비를 건너간다

― 「인어공주 육지 적응기」 부분

이 시인에게 있어 사랑은 백화난만한 화원의 그림이 아니다.

그렇다고 상식의 울타리를 벗어난 그로테스크한 형상을 가진 것도 아니다. 매우 순정하고 평범한 사랑조차 이 시인의 시어로 치환하면, 전혀 새롭고 충격적인 표현법의 겉옷을 걸치는 형국이다. 인용된 시에서 결혼 한 달 전에 철강 공장에서 양쪽 발을 잃은 언니를 두고, '파혼과 지느러미를 선물 받은' 인어공주로 묘사한 대목은 그에 대한 확고한 증빙이다. 그 인어공주는 '두 손으로 접영을 익히는 일'이 당면 과제이고. 이를 응대하는 시적 화자는 '언니의 횡단보도에 초록불이 켜지면/ 지나가는 웃음에도 반짝이는 비늘을 달아 주어야' 한다는 진술을 연계한다. 이 대목을 두고 보면, 과감한 시적 묘사와 서술을 내놓고 있으나 시인의 눈길이 따뜻하고 온정적임을 실감할 수 있다.

> 버스 출입구가 닫히면 꾹 다문 입술 같았어요
>
> 입술 위에 올라탔지요
> 그러다가 또 언제 그랬냐는 듯 도로는 정체를 했고
> 무늬 많은 나비는 꿈이 많았어요
>
> 입술이라는 버스에서 자주 내렸던 나
> 떠나지 못했던 날개들
>
> 발끝이 미장칼처럼 길어 나고
> 우리는 왜 그렇게 달리는 일만 생각했을까요
> 버스에서 내릴 때마다 손가락보다 가슴 안쪽이 더 시렸습니다

멀미를 할 거 같은 젊음 때문에

불 꺼진 골목 앞에서
날개를 접고 생각합니다

당신이라는 입술
이제는 타지 않는,

푸른 새벽은 수만 개의 아픈 별을 무찌르고
돋아난 생활은 어떤 시선에도 튕겨 나가지 않습니다

어깨를 움츠리고 새의 꿈을 따라 골목으로 숨어들던 젊음도
입을 꾹 다물고
달리는 버스를 더 이상 기억하지 않습니다

배달용 트럭을 한 대 사서 출퇴근을 겸용하거든요

- 「더 이상 타지 않는 젊음」 전문

하지만 여러 경우를 서로 견주어 볼 때 사랑은 아름답기만 하거나 영원한 것이 아니다. 시인이 이 인생사의 문맥을 명민하게 알아차리고 있음을 인용된 시에서 목도할 수 있다. 버스 출입구가 '꾹 다문 입술' 같다는 시각은 매우 참신하고, '입술이라는 버스에서 자주 내렸던 나'는 그것이 전혀 탈것의 승하차

를 뜻하지 않기에 암시적이다. 어느덧 화자는 그 버스를 타지 않는 경지(境地)에 이르렀다. 더 나아가 그 버스를 더 이상 기억하지도 않는다. '배달용 트럭을 한 대 사서 출퇴근을 겸용'하기 때문이다. 그러고 보면 이 시의 제목은 아주 상징적이고 압축적이다. 사랑의 전말(顚末)과 그 기억을 이렇게 전혀 다른 모형으로 형용할 수 있기에 이 시인을 좋은 시인이라 단정하여 말할 수 있는 터이다.

3. 삶의 곤고(困苦)를 위무(慰撫)한 상징의 언어

어느 누구에게나 '자기 몫의 십자가'가 있다. 어느 누구도 삶의 고난과 힘겨움으로부터 자유로울 수 없다. 그가 시인이라면 이 인식 구조는 한결 강렬하게 작용한다. 그는 자신의 것, 자기 눈으로 본 다른 사람의 것, 심지어 그 시대와 사회의 그것까지 짊어질 때가 많은 까닭에서다. 3부의 시들은 그러한 삶의 방정식을 시의 문맥으로 풀어낸 결과를 보여준다. 안전모를 쓰지 않고 지붕에서 용접을 하다가 분향소의 주인이 된 이가 있다. 이곳을 찾아가는 이를 그저 '검은 구두'라 호명하고, 그 검은 구두가 이른 신발장에 '내일을 준비하는 마음들이 즐비하'다(「신발장에 적을 두고 있어요」)고 한 것은 사태의 극복을 지향하는 시인의 의욕이다. 그러나 눈물과 슬픔까지 물리칠 수는 없다. 그러기에 동일한 유형의 죽음 앞에서 '불이 울고 있었다'(「우는 불꽃」)고 한 것이다.

'눈물 젖은 빵을 먹어보지 아니한 사람은 인생의 깊은 의미를 모른다'라는 말이 괴테의 시에 나온다. 마찬가지로 삶의 곤고(困苦)를 모르는 시인은 자기 시의 깊은 바닥에 타인의 곤고를 위무할 힘을 숨겨 두지 못한다. 이 시인은 그 여러 문맥을 직-간접 경험으로 체득하고 있어 보인다. 그러기에 가을 국도가 '갈비뼈가 드러나도록 붉은 살점을 떨어뜨리고 있다'(「설계도」)고 썼을 것이다. 이어서 '깜깜할수록 우는 소리가 더 깊다'(「목수의 집」)고 발화했을 것이다. 그러나 그 패퇴의 지점에 머물렀다면, 시는 세상을 이길 반탄력을 얻지 못한다. 시인의 눈으로 보면 은행잎이 떨어져 '가을 도서관'을 오픈하는 광경이 생성되는데, '흩어진 문장을 소화 시키면/ 샛노란 명언들이 태어납니다'(「은행잎 도서관」)고 언명한다. 속절없는 조락(凋落)의 뒤끝에 새로운 경계를 열어 보이는 시의 활력이 거기에 있다.

    하늘에 설계도 없는 벽돌집 한 채 짓고 있다

    오후의 마지막 구름에서 자신의 오른팔을 꺼내
    붉은 노을과 노을 사이의 빈 공간에 회색 줄눈 시멘트를 꾹꾹 눌러 넣는다
    해는 지고 밤은 다가오고

    급하게 집을 짓는 노을의 날림 공사는 이미 예견된 일

    와룡산 자락 아래 작은 산밭 하나 매입해

제 손으로 직접 집을 짓겠다며 안전모도 제대로 쓰지 않은 채 사춤 작업을 하다가
　　노을이 지기도 전에 목숨이 먼저 져버린 여자

　　(중략)

　　노을 등기부 등본에 자신의 이름을 소유자로 새겨 넣는다

　　양생養生의 계절은 들쑥날쑥하지만
　　금요일은 새끼손가락의 정기적인 약속

　　살아 한 번도 자기 집을 가져보지 못했던 그녀가
　　넓은 하늘 마당을 혼자 독차지하고
　　낙엽을 쓸고 있는 일용직 청소부에게도 제 붉은 벽돌집을 자랑하고 있다
　　　　　　　　　　　　　　　　　　　　　　　－「금요일」 부분

 이 시인의 시에서는 유독 건축과 관련된 시어와 시적 상황을 자주 목격할 수 있다. 목수, 미장, 꽃무늬 벽지, 모자이크 타일, 설계도 등이 그렇다. 인용의 시에서 서두에 제기한바 '하늘에 설계도 없는 벽돌집 한 채'는 모든 집짓기의 난관을 대변하는 말이다. 시인은 '급하게 집을 짓는 노을의 날림 공사'라는 언사를 썼다. '사람의' 날림 공사가 아니라 '노을의' 날림 공사라고 번지수를 바꾼 것은 시적 허용의 한도를 한껏 확장한 묘수

다. 이 판국에 건축주인 여자는 '노을이 지기도 전에 목숨이 먼저' 저버렸다. '제 붉은 벽돌집'은 그렇게 일생의 소망이었으면서 이룰 수 없는 신기루 같은 것이었다. 그 소망의 언저리에 금요일의 약속이 있고 보면, 집을 짓는 일이 단순한 물량적 공사를 넘어서 시적 화자의 심연(深淵)을 궁구(窮究)하는 중층적 의미를 생산한다.

　한때 낭만을 가르쳤던 전직 교사가 아들의 자영업을 위해 일시불 연금을 털었다네요. 그러다 표지 제목보다 비극적인 스토리의 주인공이 되었데요. 잡지란 게 그렇잖아요? 낡아지면 노끈으로 묶인 채 길거리에 버려지는 거.

　까칠한 자음들의 수다는 모두 망했다고 하네요. 험담을 즐기는 잡지 책에 귓속말로 적혀 있어요. 정답을 기록한 겉장은 반쯤 찢어져 옆 골목으로 달아났고요. 받침 빠진 사연들 뒷골목에 나뒹굴었죠. 한때 정답만을 가르쳤던 김 선생의 허리는 오답으로 굽었어요. 폐업 직전인 아들의 점포세는 과체중이 되어가고요. 빠진 이빨처럼 군데군데 꺼진 불빛은 김 선생의 대차 대조표인가요?

　저기, 건축 현장 바닥을 꼼꼼히 줍고 가는 김 선생이 보이네요. 손가락이 덜덜덜 떨리는 김 선생이 새벽부터 부지런하네요. 겨울이 오면 건축 현장 옆에 있는 간이 화장실에서 12mm 철근으로 구겨진 채 발견되고 말겠지요. 의사는 펜혹의 부작용이라고 사망 진단서를 적어 낼 테고요. 아들은 가게를 보느라 전화만 주야장천 돌리겠네요. 햇살은 시치미를 떼고 환히 웃고 있겠지요.

-「자음들의 수다」 전문

인용된 시는 '한때 낭만을 가르쳤던 전직 교사'의 참담한 실패를 여러 모양으로 펼쳐 보인다. '아들의 자영업'을 돕다가 낡은 잡지처럼 버려졌다니, 기실 이렇게 적확하고 사정없는 비유도 드문 형편이다. 시인은 연이어 '까칠한 자음들의 수다'는 모두 망했다고 전달한다. 그 '김 선생'의 처지는 두말할 것도 없이 우리 모두의 처지요, 범상한 세상살이 가운데서 쉽사리 마주치는 사례다. 때로는 이러한 현실의 적시(摘示)가 오히려 그에 대한 대비요 초극의 단초가 된다. 우리는 누구나 '걸을 때마다 알리바이가 남는'(「우리 언젠가 만난 적이 있지요?」) 삶의 당사자이며, 그런 연유로 시가 되어 나타난 이 보편적 생존의 문법에 고개를 주억거릴 수밖에 없는 것이다. 이와 같은 각성과 공감을 이끌어낸 공로는, 당연히 이 시인의 것이다.

4. 세상의 내면을 보는 형이상(形而上)의 눈

인간에게 사유(思惟)라는 내면의 영역과 기능이 있는 이상, 끊임없이 환기되는 문제가 존재와 본질이라는 것이다. 이것이 외형으로 나타날 때 현상이라는 용어를 쓴다. 구체적 언술로 풀어서 설명하기 어렵다고 할지라도, 누구나 이 정신적 구조를 이해한다. 하물며 언어의 연금술로 자기 세계를 축조하는 시인에게 있어서야 더 말할 나위가 없다. 시가 시인의 내면에 잠복해 있는 의식의 체계를 형이상의 관점으로 해명하는 일은 지극히 당연하다. 이 시집의 4부에서, 시인이 그러한 시각에 무게를 둔 시들을 함께 배열한 이유다. 안이숲의 시 전반에 걸쳐 그와 같은 경향이 약여(躍如)하지만, 여기의 시들을 하나의 단락으로 구성한 심사(心思)를 유추해 보면 그의 시에 한 걸음 더 가까이 다가설 수 있을 것 같다.

봄이 지나갔는데, 시인은 '피었던 꽃을 누가 철거했을까'라고 묻는다. '당신의/ 내벽에서/ 한때 분홍이었던 나의 봄'(「가슴 안쪽에 봄이 건축된 적 있다」)이다. '마트에서 손님이 방청 윤활제를 카트에' 담는 장면에서 '철없이 녹슨 어린 시절'을 복원(「WD-40」)할 수 있겠다고 술회한다. 이처럼 사태의 배면을 통찰하는 눈을 가꾸고 있기에, '비어 있다는 것은/ 가득 채울 수 있다는 뜻'(「4인치 블록」)이라는 시행(詩行)을 가져다 둘 수 있었을 것이다. 그런데 시인은 이 모든 언어를 통한 시도들이, 종국에는 '훌쩍 성숙한 씨 간장 한 그릇'처럼 '나를 완성'(「푸른 옹기」)하려는 몸부림임을 잊지 않고 있을까.

> 거기 신축한 냉면집 마당은 디즈니랜드 주차장만큼 넓어
> 당신이 무심코 말했을 때
> 팡팡 이불을 털 듯 유월이 털려 나간다

디즈니랜드에는 자동차가 수없이 세워져 있겠지
누군가에게는 아직 없는 자동차

(중략)

한 번도 가보지 못한 디즈니랜드에서
엘리베이터 자동문처럼 쓰윽 열리는 웃음을 닫고
문밖을 나설 때

나
당신의 세계를 조금쯤 이해할 수 있을까?

- 「유월의 디즈니랜드」 부분

 인용된 시에서 시인은 '신축한 냉면집 마당'과 '디즈니랜드 주차장'을 대비하여 그 턱없이 넓은 공간을 조명한다. 이때의 냉면집이 눈앞의 현실이요 존재의 현상을 지칭한다면, 디즈니랜드는 시인의 가슴에서 오래 묵은 본질의 형상이요 그것이 가꾸어 놓은 꿈의 다른 이름이다. 여기에 2인칭으로 소환되어 시의 구성을 돕는 '당신'은 시적 화자의 상대역으로 설정되어 있지만, 화자 자신이어도 그다지 어색하지 않다. 한참 거리가 멀고 지향점도 다른 냉면집과 디즈니랜드를 한데 결부한 것은, 미상불 빛나는 비유적 표현이다. 그처럼 활달한 상상력을 바탕에 두고 시인은 묻는다. '나/ 당신의 세계를 조금쯤 이해할 수 있을까'라고. 일순 본질과 현상은 서로 화해롭게 손을 내민다.

>건축 현장 가벽에 피어난 사람들의 그림자는
>진회색 꽃이 된다
>꽃의 증거가 된다
>
>(중략)
>
>가로등 불빛을 등진 가벽은 밤에도
>지나가는 그림자들 죄다 모여 사람꽃을 피운다
>
>두 송이의 목련 같은 젊음이 늦은 밤 벽 위에서
>서로 엉켜 들고
>떨리고
>어쩌면 나무는 첫사랑을 완성하고 있는지도 몰라
>
>벽의 하루를 지나가는 남자와 여자
>할머니
>그리고 그림자
>
>우리는 모두 외벽을 지나 사람이 된다
>
>　　　　　　　　　　　　　　－「벽화에 핀 꽃」 부분

안이숲 시를 통독하면서 아직 말하지 않고 남겨둔 생각은, 이 시인이 건축이라는 공학적 행위에 많이 곁을 내어주듯이 꽃이라는 심리적 상징에 많이 집중하고 있다는 것이다. 그 확연한 예가 인용된 시의 첫 부분이다. '건축 현장 가벽에 피어난 사람들의 그림자'는 '진회색 꽃'이요 '꽃의 증거'다. '가로등 불빛을 등진 가벽은 밤에도/ 지나가는 그림자들 죄다 모여 사람꽃을' 피우는 사태다. 마침내 시인은 '우리는 모두 외벽을 지나 사람이 된다'라고 확정한다. 사람은 모두 외벽을 지나온 것이 아니라, 그 반대인 것이다. 굳이 자연스러운 개념의 생성과 표현의 순위를 전복한 원인이 있다. 그의 시에 있어서 본질과 현상의 거리가 그다지 멀지 않은 터이기에 그렇다.

  이제껏 우리가 공들여 살펴본 안이숲의 시들은, 첫 시집을 내는 시인이라고 믿어지지 않을 만큼 활발하게 움직이는 언어의 잔치이자 성숙한 시 의식의 체계를 갖추고 있었다. 시집은 편집과 배열의 순서를 따라 가족–사랑–삶–내면과 같은 주제를 중심으로 각기 도저한 의미의 단락을 이루고 있었다. 그리고 명료한 주제와 더불어 전혀 먼 자리에서 차용해 온 소재들이 활력있는 조응으로 시의 집을 지어 보였다. 그런가 하면 그의 시 전반을 관통하는 형이상의 표현력이, 왜 시가 비유와 암시와 상징의 결정체인가를 설득력 있게 증명했다. 첫 시집이 그러하다면 향후 그 발전과 승급(昇級)에 거는 기대는 한껏 확장되어도 좋을 듯하다. 여기 새롭고 역량 있는 시와 시인의 출현에 흔연한 마음으로 박수를 보내며, 그가 앞으로 우리에게 더 좋은 시를 만나게 해주기를 바라마지 않는다.

시인의 말

가족 이야기를 꺼내지 않을 수 없겠다.
첫 시집이니까.

엄마를 떠올리면 몸에 바닷물이 생긴다.
지독히 운이 없는 여자, 엄마의 기록은 어디에도 없다.
하여, 내가 기억하고 기록해 주려 한다.
엄마의 이름은 **〈정순열〉**이다.
그러니 나를 잊지 마요.

아버지는 용암이셨다.
가족 중에 내가 아버지를 제일 많이 닮았다고 한다.
업보다.

이번 생은 어쩌겠노?
용암은 용암이라서, 다시 뜨겁게 흘러간다.

어떤 외로움에도 식지 않는다.

실천문학 시집선 310
요즘 입술

2023년 12월 19일 1판 1쇄 찍음
2023년 12월 31일 1판 1쇄 펴냄

지은이　　　안이숲
펴낸이·편집장 윤한룡
디자인　　　윤려하
관리·영업　　이소연
홍보　　　　고　우

펴낸곳　　(주)실천문학
등록　　　10-1221호(1995.10.26)
주소　　　남양주시 퇴계원읍 퇴계원로 52 405호
전화　　　02-322-2161~3
팩스　　　02-322-2166
홈페이지　www.silcheon.com

이 도서는 2023년도 한국문화예술위원회 아르코문학창작기금
발간지원 사업에 선정되어 발간되었습니다.

ⓒ 안이숲, 2023

ISBN 978-89-392-3145-0 03810

이 책 내용의 전부 또는 일부를 재사용하려면
반드시 지은이와 실천문학 양측의 동의를 받아야 합니다.